"Agora você recebeu sua recompensa:
uma equipe para gerenciar. Daqui para a frente,
o sucesso não depende apenas de suas habilidades
técnicas e de seu conhecimento especializado.
Você só será bem-sucedido se sua equipe
fizer bem o trabalho dela."

"Gerenciar pessoas pode ser uma experiência
gratificante, desde que você não a encare como uma
atividade metódica, rotineira e previsível. Flexibilidade
e maturidade são bem-vindas, assim como uma boa
dose de bom humor para dar brilho ao dia-a-dia."

O MANUAL DO NOVO GERENTE

24 lições para vencer os desafios de sua nova função

Morey Stettner

SEXTANTE

Título original: *The New Managers Handbook*

Publicado em acordo com a McGraw-Hill Companies, Inc.

tradução: Eduardo Refkalefsky
preparo de originais: Débora Chaves
revisão: Sérgio Bellinello Soares e Tereza da Rocha
projeto gráfico e capa: Cristiano Menezes
diagramação: Marcia Raed
impressão e acabamento: Yangraf Gráfica e Editora Ltda.

CIP-BRASIL. CATALOGAÇÃO-NA-FONTE
SINDICATO NACIONAL DOS EDITORES DE LIVROS, RJ

S864m

Stettner, Morey
O manual do novo gerente / Morey Stettner; tradução de Eduardo Refkalefsky – Rio de Janeiro: Sextante, 2006.
(Desenvolvimento profissional)

Tradução de: The new managers handbook
ISBN 85-7542-228-6

1. Administração – Manuais, guias, etc. 2. Administração de pessoal – Manuais, guias, etc. 3. Gerentes – Manuais, guias, etc. I. Título. II. Série.

06-1636. CDD 658.4
CDU 65.012.4

GMT Editores Ltda.
Rua Voluntários da Pátria, 45/1.404 – Botafogo
22270-000 – Rio de Janeiro – RJ
Tel.: (21) 2538-4100 – Fax: (21) 2286-9244
E-mail: atendimento@esextante.com.br

SUMÁRIO

O NOVO GERENTE

Parabéns por chegar ao nível gerencial. Seu esforço, seu trabalho duro e seu conhecimento foram recompensados. Agora você é o responsável por supervisionar o trabalho dos outros e ajudar a empresa a atingir suas metas. Como você já deve saber, o novo cargo exige uma série de habilidades específicas, que requerem interação efetiva com outras pessoas – incluindo colaboradores, colegas e executivos a quem você se reporta.

Há uma velha piada contada pelos insatisfeitos de plantão que pergunta: "Você sabe qual é a definição de um gerente?" A pessoa responde: "Não, qual é?" Aí você retruca: "Gerente é o profissional que fica recebendo os visitantes enquanto os outros trabalham." Talvez algumas pessoas achem graça nessa piada, mas agora que você foi promovido a gerente, seu trabalho é rir *com* sua equipe e não incentivá-la a rir *de* você.

Este livro foi escrito para ajudá-lo nessa transição profissional e fazer com que ela ocorra da maneira mais eficiente e amena possível. O objetivo é fornecer ferramentas práticas que o levem a aperfeiçoar suas habilidades gerenciais e a exercer plenamente suas novas responsabilidades.

Com pequenas variações, a gerência concentra os setores de

planejamento e comunicação. O que significa que você precisa se tornar um mestre na arte de dar feedback, de motivar sua equipe a melhorar a sinergia entre os vários departamentos, de dar ordens e obter os resultados esperados, de formar alianças e, acima de tudo, de saber escutar os outros. Entre as habilidades fundamentais estão saber conduzir reuniões produtivas e aprender a pensar estratégica e taticamente.

Mesmo que você domine todos esses atributos em teoria, seu papel agora é utilizá-los. Sugiro que você leia este livro do começo ao fim, sublinhando as idéias que chamarem sua atenção e fazendo anotações nas margens, se quiser. Guarde-o em seu escritório e consulte-o sempre que achar necessário.

Este é o ponto central deste verdadeiro guia de referência: vencer os desafios de gerenciar pessoas e cumprir as metas da empresa. Colocando em prática as idéias e ações nele descritas, você em pouco tempo não será mais um novo gerente, mas alguém que entende claramente a natureza de suas responsabilidades – e que aproveita as oportunidades para deixar sua marca e fazer a diferença nos resultados da empresa. Boa sorte!

"No final das contas, gerenciar resume-se em três palavras: pessoas, produtos e lucros. As pessoas vêm em primeiro lugar."

LEE IACOCCA

CRITIQUE

DÊ FEEDBACK

Parte de seu trabalho como novo gerente é dar feedback construtivo. É importante que os profissionais não apenas entendam suas dicas sobre o que fazer para melhorar o desempenho, mas também as coloquem em prática com sucesso.

Muitos gerentes não gostam de dar feedback negativo. Eles temem que mesmo comentários bem-intencionados sejam vistos como críticas pessoais e, por isso, evitam apontar falhas, questionar esforços e atitudes individuais. *Esqueça isso!*

Gerentes eficientes devem dar feedback todos os dias. Isso significa distribuir elogios merecidos, observações neutras e até um aviso mais sério. O ideal, claro, é que os aspectos positivos se sobreponham a todos os outros. Afinal de contas, ninguém esquece os elogios recebidos.

Elogie sempre que surgir oportunidade. Não guarde seus comentários apenas para os poucos momentos de brilho ou resultados excepcionais. Mostre que você admira o modo como sua equipe trata os clientes, organiza o ambiente de trabalho ou analisa um problema.

Quando o feedback é do tipo construtivo, é importante explicar aos colaboradores os seus altos padrões de desempenho. O efeito dessa abordagem é mais eficiente do que simplesmente chegar e dizer: "Há algo que você está fazendo errado e precisa mudar."

Lembre-se de que quase todo mundo tem a expectativa de ser avaliado. Acabe com as reclamações dos colaboradores – "Nunca recebo feedback de meu chefe" – comunicando livremente suas idéias, sugestões e ressalvas. Deixe as pessoas a par do próprio desempenho e incentive-as a melhorar.

Use este método de três etapas para tornar o feedback o mais produtivo possível:

Convide os colaboradores a se auto-avaliarem: Escolha uma tarefa e deixe que a própria equipe avalie seu trabalho de acordo com uma escala do tipo 1-a-10 ou A-B-C-D-E. Muitas pessoas são rigorosas quando julgam a si mesmas. Ainda que exagerem nos resultados, você terá uma base para começar a avaliação.

Faça *follow-up*: Peça que os profissionais expliquem ou dêem exemplos para justificar sua nota na auto-avaliação. Conheça os critérios utilizados para determinar o desempenho.

Ajuste sua análise com o comentário deles: Agora que você deu chance para que os membros da sua equipe se auto-avaliassem, é a sua vez ("Gostaria de acrescentar algo ao que você disse"). Comece dando feedback sobre o que eles deixaram escapar, reforce as informações positivas apresentadas e termine com algum elogio, para manter o clima otimista.

> **"Os melhores gerentes não falam sobre seus problemas com a equipe. Mas sabem fazer com que as pessoas falem sobre seus problemas."**
>
> PETER DRUCKER

○ ESCONDA AS MÁS NOTÍCIAS

◉ MOSTRE O LADO POSITIVO DAS MÁS NOTÍCIAS

O modo como você apresenta uma notícia ruim pode consolidar ou acabar com sua credibilidade como gerente. Se você se portar como um de seus colaboradores, demonstrará que é um líder do tipo realista que preza a abordagem direta e clara. Mas, se você ficar rodeando o assunto, sua equipe poderá seguir seu exemplo, evitando trazer problemas que necessitem de atenção imediata.

Anunciar más notícias é uma arte. Decida antes o que precisa ser apresentado e fale abertamente. Você pretende estimular os colaboradores à ação ou apenas despertar sua consciência? Existe algum outro ângulo para analisar a situação? Caso exista, você quer enfatizá-lo? Você pretende discutir as conseqüências do problema ou limitar seus comentários aos fatos?

Mantenha sua perspectiva do problema. Muitas vezes os novos gerentes dão tanta importância às más notícias que elas ganham vida própria. Saiba que os contratempos fazem parte do jogo; supere-os e transmita as más notícias de forma que os outros vejam a situação sob a ótica certa – e não como se fosse o dia do Juízo Final.

Cuidado com o tom de voz e os maneirismos ao falar. Use

expressões curtas e diretas, narrando os fatos sem revelar sua opinião. Esqueça, por exemplo, frases como "Detesto ter que dizer isso" ou "Esta é a parte que eu menos gosto de meu trabalho". Vá direto ao ponto.

Não suspire, não hesite nem balance repetidamente a cabeça com ar de desânimo. Imagine que você é o William Boner apresentando as notícias com aquele tom de voz forte e seguro. Se demonstrar insegurança ou sentimentalismo, os colaboradores tenderão a reparar mais no seu comportamento do que nas notícias propriamente ditas. Termine com um tom otimista, definindo um objetivo para futuro aproveitamento ou apresentando uma estratégia direcionada para combater a origem do problema.

Deixadas à deriva, as notícias ruins podem afetar o moral da equipe. Não permita que isso aconteça. Acene com esperança ou ofereça soluções motivadoras.

A seguir, três técnicas para tornar as más notícias mais digeríveis:

Demonstre "forte consciência": Mostre que más notícias não ameaçam sua consciência. Como novo gerente, utilize uma linguagem não defensiva, como "Sou responsável tanto por ter deixado as coisas chegarem a este ponto quanto por tirar a equipe desta situação" ou "Estou aprendendo a cada dia e quero dividir com vocês o que eu aprendi".

Contextualize: Relacione uma parte específica da notícia ruim com objetivos organizacionais maiores. Diga: "Isso aumenta nosso desafio, mas podemos superá-lo."

Vá direto ao ponto: Não desvie do assunto nem desperdice palavras. Apresente de forma franca e direta as notícias ruins mais importantes. Acrescente, então, fatos, provas ou outras informações de apoio.

"Deixe seus parceiros a par de tudo. Quanto mais eles entenderem o que está acontecendo, mais se envolverão. Uma vez envolvidos, nada os deterá."

SAM WALTON

O FAÇA TUDO SOZINHO

⊙ DELEGUE RESPONSABILIDADES

Gerentes bem-sucedidos precisam ter fé em seu pessoal. O sucesso depende de sua disposição de acreditar que os colaboradores vão tomar a iniciativa, resolver os problemas e produzir resultados.

Você já deve ter escutado o conselho: delegue sempre que for possível. Mas não é tão simples assim. Se você transferir poder da maneira errada, o tiro pode sair pela culatra. O magnata Andrew Carnegie disse uma vez: "O segredo do sucesso não está em fazer o seu próprio trabalho, mas em identificar a pessoa certa para fazê-lo."

Delegar responsabilidades é uma atitude que deve ser muito bem calculada. Para encontrar a motivação certa para o profissional certo, é preciso levar em conta os *interesses*, as *forças* e o *conhecimento* de cada um – e passar a tarefa para quem tiver um desempenho ótimo em pelo menos dois desses três quesitos. Se você precisar de alguém para pesquisar e responder às queixas dos consumidores, escolha uma pessoa que goste de trabalhar em atendimento, tenha ótima comunicação interpessoal e saiba investigar problemas operacionais para procurar as respostas.

Ao delegar, você aumenta sua eficiência porque consegue se

concentrar em assuntos realmente importantes e evita ficar sufocado com detalhes que só desperdiçam seu tempo e sua energia. Sem contar que você ainda ajuda a desenvolver sua equipe e a aperfeiçoar a contribuição que ela possa trazer.

Não confunda delegar poder com estabelecer tarefas de rotina a colaboradores que não conseguem cumprir suas obrigações normais. O verdadeiro ato de delegar significa transferir responsabilidade e autoridade para que alguém faça o que, a priori, faz parte do *seu* trabalho como gerente.

Delegar não é descarregar um monte de coisa em cima do outro. Se as pessoas acharem que você está jogando o trabalho difícil nas costas delas, ficarão ressentidas.

Desenvolva mecanismos de controle e avaliação para monitorar o progresso de sua equipe. Discuta como é possível, ao mesmo tempo, avaliar o desenvolvimento e mensurar o sucesso de um projeto. Defina metas e expectativas claras para a tarefa, mas não explique como fazê-la. Deixe que seus colaboradores descubram por si mesmos o caminho das pedras.

Freqüentemente, os novos gerentes acham que ao dar autonomia, eles transferem também a responsabilidade pelos resultados. Mas a transferência de poder tem limites. Tendo executado ou não a tarefa, o problema é seu – e a cobrança por resultados continua a mesma.

Os gerentes sem experiência às vezes caem na bobagem de tomar de volta o trabalho que delegaram. Começam oferecendo "ajuda" ("Deixe-me lhe mostrar uma coisa..."), mas acabam fazendo o projeto inteiro. Não caia nessa armadilha, deixe os colaboradores resolverem os problemas por eles mesmos.

Siga as recomendações abaixo e delegue corretamente:

Recue: Selecione tarefas que os colaboradores possam controlar e implementar sozinhos. Assegure-se de que cada um possa pôr à prova sua capacidade de julgamento e sua autonomia. Se você gerenciar nos mínimos detalhes, delegar pode causar mais problemas do que soluções.

Defina com clareza a linha de trabalho: Certifique-se de que toda a equipe entenda a razão, o objetivo e os critérios de desempenho que você utilizará para determinar o sucesso. Remova as ambigüidades e estabeleça um prazo de entrega.

Faça o teste do "Não estou aqui": Identifique os aspectos-chave de seu trabalho. E decida quem deve se responsabilizar por eles na sua ausência. Antecipando o que você quer que sua equipe faça enquanto você está fora, você pode delegar parte de suas obrigações gerenciais agora, para que seus colaboradores estejam prontos para assumi-las mais tarde.

"Por mais estranho que possa parecer, os grandes líderes conquistam mais autoridade quando abrem mão dela."

JAMES B. STOCKDALE

DEMISSIONÁRIOS NÃO TÊM O QUE DIZER

APROVEITE AS IDÉIAS DE QUEM SAI

Quando um profissional pede demissão, você tem uma oportunidade de ouro para melhorar seu trabalho. Como? Simples. Agendando uma entrevista final no dia da saída, ou logo depois, para que ele fale livremente sobre o que ele acha que você e a empresa fazem de certo e de errado.

Tudo o que você precisa fazer é formular perguntas inteligentes e escutar. Anote as respostas, e demonstre interesse pelos comentários. Mesmo que a pessoa tenha algum ressentimento, certamente será polida ao dar informações e opiniões sobre o trabalho da gerência. Ela se abrirá ao perceber que você valoriza suas idéias e quer aproveitá-las.

Não deixe que o colaborador demissionário use a entrevista de saída para acertar as contas com os colegas, falar mal das políticas da empresa, das campanhas mal direcionadas e das intolerâncias da gerência. Formular perguntas neutras pode ajudar você a explorar temas como a importância do trabalho em equipe na empresa, em vez de indagar se o profissional está desapontado com o modo como a empresa conduz esse trabalho.

Explique que as informações são confidenciais e que você

gostaria de ouvir comentários honestos. O resultado pode ajudá-lo a identificar as causas da alta rotatividade de colaboradores ou do moral baixo da empresa. Pode ainda revelar condições de trabalho inadequadas ou apresentar idéias que aperfeiçoem seu gerenciamento.

Se o colaborador tiver muito tempo de casa, é possível que ele consiga analisar os pontos positivos e negativos de diversas políticas e procedimentos implantados na empresa ao longo dos anos. Dependendo de sua capacidade analítica, ele pode mostrar o que funciona ou não e até revelar quem são os heróis desconhecidos em sua área.

A entrevista final é uma das poucas maneiras de um gerente obter uma série de informações valiosas. Melhor ainda, seu interesse pela visão do funcionário pode deixar uma última impressão positiva. Talvez ele venha a ter uma maior consideração por você, e isso pode contar a seu favor no futuro. Cultivar aliados fora da organização ajuda a estruturar uma valiosa rede de relacionamentos.

Para extrair o máximo de conhecimento de quem está deixando a empresa, siga este passo a passo:

Estabeleça as bases: Deixe que a pessoa saiba com antecedência o que você perguntará. Enfatize a seriedade com que tratará sua opinião e a expectativa de que seus comentários sejam relevantes.

Separe o que é tangível do que é intangível: Faça dois tipos de perguntas. Primeiro, restrinja-se aos fatos: "Você tinha os recursos e ferramentas necessários para realizar seu trabalho?" Então, mude para assuntos menos concretos e mais difíceis de avaliar, como moral e coleguismo: "Como você avalia a ética dos membros de sua equipe?"

Peça indicações: Peça referências para seu cadastro de reserva. Valem nomes de dentro *e de fora* da organização. Convide o ex-colaborador a manter contato e indicar candidatos.

"A maioria das pessoas bem-sucedidas que conheci escuta mais do que fala."
BERNARD BARUCH

AVALIE O DESEMPENHO UMA VEZ POR ANO

AVALIE O DESEMPENHO REGULARMENTE

Muitos profissionais precisam se abastecer com regularidade de informações sobre o seu desempenho. Eles querem um supervisor que avalie sua performance sempre que possível, de preferência com dados precisos e corretos, que se mostrem construtivos e bem fundamentados.

Muitos dos novos gerentes se assustam com as verificações de desempenho, especialmente quando a pessoa em questão tem uma performance inconsistente ou fraca. Para piorar, o processo de avaliação em muitas empresas é uma tarefa burocrática que consome uma enorme papelada.

A avaliação formal fica mais fácil quando você usa o dia-a-dia para manter os colaboradores a par da qualidade do seu trabalho ao longo do ano. Se eles forem sendo informados dos erros e dos acertos no momento em que forem cometidos, haverá poucas surpresas nas avaliações oficiais.

Equilibre os pontos fortes e os pontos fracos na hora de apreciar o desempenho de alguém. O ideal é não enfatizar nenhum dos dois. Se você se detiver nos defeitos da pessoa, poderá ofuscar o que ela fez de bom e enfraquecer seu espírito. Mas elogios infindáveis também são problemáticos, na medida em que podem levar a pessoa em questão à conclusão de que nunca agiu errado. Procure manter o foco no desempenho individual, com um comentário negativo para cada três positivos.

Atenha-se aos fatos. Descreva a performance do colaborador baseado em suas observações pessoais ou em provas concretas, fornecendo as devidas datas para comprovar suas conclusões. Evite usar expressões do tipo "descuidado" ou "desleixado" – prefira provas concretas que expliquem *por que* você o considera assim. Uma das lições mais difíceis para os novos gerentes é permitir que os colaboradores façam uma auto-avaliação durante a avaliação de desempenho, inclusive citando exemplos de suas ações.

Busque a precisão. Gerentes inexperientes tendem a relevar problemas de desempenho conferindo conceitos como "bom" ou "acima da média" em todas as categorias. Isto é arriscado. Se o desempenho de um colaborador que está para ser demitido surgir como uma solução, você não terá como provar que a performance dele vinha caindo.

Veja como tirar partido da avaliação de desempenho:

Mantenha a programação: Os colaboradores contam os dias até a próxima avaliação, portanto, honre suas promessas. Se você se comprometeu a fazer revisões semanais, quinzenais ou anuais, cumpra o que foi estabelecido. Se você adiar as datas, ou abrir espaço para que os colaboradores o censurem porque você esqueceu o compromisso, com certeza diminuirá o moral da equipe.

Use a fórmula "DIEC": A sigla DIEC significa "Descreva o

Impacto, Especifique as Conseqüências". Ou seja, baseie-se na responsabilidade de sua equipe para estimar o desempenho, o comportamento e o impacto, especificar o que você gostaria que acontecesse e esclarecer as conseqüências – boas e ruins.

Sugira, não ameace: Certifique-se de que seu objetivo ao avaliar alguém é partilhar o conhecimento que ajudará a melhorar o trabalho. Em vez de insistir para que a recepcionista pare de repetir um pequeno erro, mostre o que ela tem a ganhar mudando a forma de agir.

"Só garantimos nosso sucesso de forma permanente quando ajudamos os outros a se desenvolverem."

HARVEY S. FIRESTONE

○ TOME DECISÕES APRESSADAS

◉ DECIDA E EXECUTE

Agora que você é um gerente, vai precisar tomar mais decisões do que jamais tomou em toda a vida. E, provavelmente, desejará ter mais tempo, informação e orientação antes de resolver questões importantes.

Ao desenvolver um método calmo e racional de tomada de decisões, você ganhará confiança para trabalhar sob pressão. Você pode tomar decisões rapidamente e chegar a grandes resultados sem repensar, sem perder tempo e sem levar os outros a questionarem seu julgamento.

As decisões se dividem em três etapas: coleta de fatos, identificação das opções e escolha da mais adequada. Os fatos relevantes podem vir de um grande número de fontes – de colaboradores e clientes a relatórios de atividades e outros dados quantitativos.

Listar as ações possíveis requer uma mente aberta. Opções aparentemente inusitadas ou imprudentes podem se mostrar valiosas, especialmente quando combinadas com outras alternativas. Na hora de decidir, utilize critérios objetivos para selecionar o meio de ação mais perspicaz e objetivo.

Qualquer atraso pode atrapalhar sua tomada de decisão,

pois a espera gera tensão e prolonga a incerteza, podendo levar as outras pessoas a duvidarem de sua capacidade administrativa. A coleta de fatos e a escolha das melhores opções não podem ser um processo longo e tortuoso.

Se você se deparar com uma série de escolhas ruins, pergunte a si mesmo: "Qual é a pior coisa que poderia acontecer?" Avalie a probabilidade de surgirem diferentes resultados e isole as variáveis que você pode controlar. Dessa forma, você tem a chance de examinar os problemas mais graves e as saídas mais aceitáveis.

A indecisão prospera se você reluta em aceitar a responsabilidade por seus atos. Para não provocar os outros, você pode até evitar fazer escolhas polêmicas ou assumir posições que se mostram erradas. Pode ainda se sentir esmagado pela complexidade ou magnitude da opção – e acabar procurando uma boa desculpa para adiar sua execução.

Enfrente a indecisão estabelecendo um prazo final. E se esforce para fazer o melhor julgamento possível com os dados disponíveis e dentro de um período determinado. Use frases diplomáticas para comunicar decisões potencialmente desagradáveis: "Eu entendo sua posição, mas tenho que levar em conta o que é melhor para a empresa" ou "Todos os lados têm bons argumentos, então é difícil, na minha posição, agradar a gregos e troianos".

Para chegar confiante a uma decisão, siga estas dicas:

Encare a indecisão de cabeça erguida: Reconheça a incerteza. Não a esconda embaixo do tapete. Investigue *por que* você é indeciso. Por exemplo, seu instinto afiado pode conflitar com o que os fatos o levaram a concluir. Passe suas dúvidas para o papel e examine-as de um ponto de vista distanciado e frio.

Crie um "Plano B": Elabore um plano alternativo, caso você precise rever sua decisão. Prepare-se para lidar com perdas.

Utilize tanto cenários otimistas quanto pessimistas como referência: Considere todas as conseqüências possíveis, da melhor à pior. Então, tome providências para minimizar a pior hipótese.

"A verdade é que você nunca terá toda a informação de que precisa para tomar uma decisão – se tiver, trata-se de uma conclusão óbvia, não de uma decisão."

DAVID MAHONEY

NÃO SE PREOCUPE COM ELOGIOS

PRATIQUE A "MOTIVAÇÃO PELO ELOGIO"

Não há mistério quando se trata de motivar colaboradores. Basta expressar sua admiração sincera por eles. Quando a equipe percebe que há respeito por seus esforços, habilidades e resultados, ela se torna mais entusiasmada ainda para o trabalho e disposta a seguir as diretrizes da gerência.

O elogio sincero é a maior de todas as fontes de energia. Ele reforça a confiança da pessoa e a incentiva a se exceder ainda mais. Pense em como você se sentiu estimulado quando seus chefes aplaudiram sua performance.

O lado irônico é que, apesar de a maioria dos gerentes saber que um julgamento favorável é uma motivação fantástica, colocar isso em prática freqüentemente se torna um desafio. As pressões, as crises e os problemas do dia-a-dia podem dificultar a percepção de sentimentos positivos em relação à equipe. É fácil não dar importância ao que foi feito corretamente quando a maior parte do tempo é dedicada a lidar com o que deu errado.

O elogio pode ter diversas formas. Você pode enviar sinais não verbais como tapinhas nas costas, um movimento de cabeça afirmativo ou os polegares para cima. Pode também fazer pequenos comentários – "Bom trabalho!" ou "Desta vez você se superou!" – que fazem o colaborador ganhar o dia.

Existem maneiras mais sutis de exaltar as qualidades de alguém. Você pode, por exemplo, pedir a opinião das pessoas: "Preciso de idéias para..." ou "Você pode trazer alguma luz para este assunto?". Não insinue o que você deseja ouvir, apenas escute o que as pessoas têm a dizer e elas se sentirão importantes.

Outra motivação simples é chamar os colaboradores pelo nome quando estiver conversando com eles. Você começará na gerência com o pé direito se aprender o nome de todo mundo e cultivar o hábito de mencioná-lo nas conversas. Todos respondem mais entusiasticamente quando seus supervisores falam com eles usando um tom pessoal e amigável.

Gerentes novatos às vezes acham que devem ser comedidos nos elogios. Seu medo é criar a expectativa – e a obrigação – de fazer elogios de forma constante. Neste caso, o exagero não é prejudicial, desde que signifique um reconhecimento real. Mas é claro que o elogio funciona melhor se for bem específico.

Ao explicar *por que* está elogiando um colaborador, você amplia o efeito. Cultive o hábito de dizer "Obrigado por você ter..." em vez de soltar apenas um "Obrigado" e virar as costas. Expressar sua gratidão não machuca.

Melhor ainda é encontrar novas maneiras de transmitir elogios. Redija uma nota, envie um cartão por e-mail, presenteie com uma pequena lembrança ou conceda uma folga quando um membro de sua equipe conquistar sua admiração. Quanto mais criativamente você expressar seu reconhecimento, mais os colaboradores se esforçarão para conquistá-lo.

Seja um mestre na "motivação pelo elogio" ao adotar os seguintes hábitos de trabalho:

Conquiste os colaboradores pelo que fazem de melhor: Estabeleça altos padrões de desempenho, usando exemplos excepcionais como forma de incentivo. Nunca perca a chance de congratular alguém por superar esses padrões.

Reconheça os esforços, não apenas os resultados: Quando alguém tenta fazer uma tarefa e falha, esse é o momento certo de dizer: "Gostei da maneira como você se esforçou." Frases como "Pelo menos você tentou" ou "Quem sabe da próxima vez" não são inspiradoras. Reconheça o esforço, por si só, como digno de elogios.

Fale apenas uma vez, mas com sentimento: O elogio perde a força quando repetido freqüentemente. Encontre novas características, habilidades ou ações que mereçam ser comentadas. E só fale uma vez – não fique repetindo até que o rosto do colaborador se ilumine. Algumas pessoas não fazem demonstrações públicas de satisfação, mas isso não significa que não tenham apreciado.

"Não existe vitamina verbal mais potente que um elogio."
FREDERICK B. HARRIS

CONDUZA AS REUNIÕES DE IMPROVISO

PLANEJE SUAS REUNIÕES

Na maioria das vezes, as melhores reuniões são as curtas. Uma das razões pelas quais as reuniões são mal vistas é exatamente a tendência a se alongarem demais. Freqüentemente, isso ocorre quando algumas pessoas monopolizam as discussões ou o grupo foge dos assuntos prioritários.

No caso dos novos gerentes, ainda desacostumados a conduzir reuniões, a culpa pode ter a ver com a decisão de deixar os assistentes coordenarem o encontro. Ou, no extremo oposto, com a centralização e o monopólio da palavra, também para compensar a falta de experiência. A melhor reunião é aquela que mantém os participantes centrados no tema de interesse, que permite a você vender suas idéias ou ganhar tempo para estabelecer um consenso.

A definição da pauta da reunião é crucial. Limitar os temas a serem discutidos evita dispersão e concentra o foco na questão que precisa ser resolvida. Distribua a agenda antecipadamente, junto com as informações necessárias que você quer que todos conheçam de antemão. Dessa forma, você ganha tempo para que a discussão possa manter o foco nas soluções, não na definição do problema.

Prepare a sala de acordo com o objetivo do encontro: cadeiras arrumadas em círculo ou em "U" encorajam a discussão livre. Se quiser decisões rápidas, remova as cadeiras para que todos fiquem de pé. Preencha os *flip charts* de antemão para não cansar os participantes escrevendo, na hora, páginas e mais páginas.

Para manter o foco do grupo no objetivo da reunião, escreva-o em um papel e cole na parede. Aponte para ele toda vez que a discussão ameaçar sair de curso ou as pessoas começarem a ficar dispersas.

Olhe para todos na sala quando você falar. Não estabeleça contato visual apenas com uma ou duas pessoas, para não correr o risco de excluir as outras. Repare quando alguém quer falar alguma coisa, especialmente os participantes mais quietos ou tímidos, e lhes dê oportunidade de contribuir. Acolha bem as idéias apresentadas, mas não hesite em dizer "Podemos resolver isso depois", se necessário.

Três ações para tornar as reuniões mais efetivas:

Receba e cumprimente na porta: Aperte a mão de quem chega. É melhor do que chegar cedo, se plantar na cadeira, olhar para baixo e ficar remexendo papéis enquanto os outros entram.

Faça um comentário de abertura: Seja objetivo. Utilize o primeiro minuto para definir o propósito da reunião. Mostre também o que os participantes ganharão ao final. Destaque os itens mais importantes da pauta e qualquer atividade planejada em grupo.

Relacione os compromissos por escrito: Termine a reunião decidindo quem fará o que e quando. Se você pular essa etapa, ou achar que cada um sabe o que deve fazer, causará mal-entendidos. Redija as tarefas e envie um memorando de *follow up*, resumindo o trabalho de cada um.

"Na Intel, as pautas incluem informações sobre os tópicos principais da reunião, quem conduzirá as várias partes das discussões, quanto tempo cada tópico de discussão levará e quais os resultados esperados."

MICHELLE NEELY MARTINEZ

FALE MAIS

ESCUTE MAIS

Quando você ocupa um cargo operacional, passa grande parte do tempo escutando, enquanto os superiores falam. Mas, agora que chegou à gerência, você acha que tem o mando de campo para fazer os outros escutarem *você*. Não é bem assim.

A escuta ganha importância ainda maior quando você é um gerente. Seu sucesso depende da sua habilidade em capturar cada detalhe do que os outros dizem, sejam colaboradores, colegas ou chefes. Esquecer esta regra pode custar caro. Você pode perder informações importantíssimas, tomar decisões ruins e chegar a conclusões equivocadas.

A escuta eficaz leva em conta o que os outros dizem. É muito mais fácil escutar quando quem fala nos agrada. Pena que algumas pessoas sejam monótonas, repetitivas ou murmurem palavras quase inaudíveis, levando nossas mentes a vaguear. Quem faz o tipo indiferente ou preocupado luta para conseguir prestar atenção. Mas profissionais com a mente aberta têm sede de ouvir opiniões, comentários e idéias, e se esforçam para assimilar o que os outros dizem.

Gerentes atentos não devem cair nessa armadilha. Para acompanhar a conversa, preste atenção aos temas ou tópicos que as outras pessoas escolheram para falar. Se você estiver ao telefone, escreva uma palavra-chave para cada tópico relevante da conversa. Isto permite mapear o discurso, o que o ajudará a se lembrar dele mais tarde.

Se sua mente tende a divagar, concentre-se no aqui-e-agora. Livre-se dos pensamentos irrelevantes e canalize toda a sua energia para o discurso do outro. Se você tiver problemas de audição, chegue mais perto ou desligue um som que esteja próximo. Se você não compreendeu muito bem o que acabou de ouvir, peça que a pessoa repita o que falou.

Não balance afirmativamente a cabeça o tempo todo, como se estivesse entendendo tudo. É importante sinalizar para os outros quando você está escutando e registrando o que está sendo dito. Direcione o discurso de quem fala, introduzindo frases como "Então, você quer que eu faça..." ou "Deixe-me ver se entendi...".

Se a aparência, o sotaque ou o tom de voz da outra pessoa lhe desagrada, imagine estar lendo a transcrição do que ela está falando. Isto o ajudará a entender o conteúdo da mensagem.

Aprimore suas habilidades de escuta usando as técnicas listadas abaixo:

Perceba o que é emergencial e o que é habitual: Pessoas que transformam suas necessidades em urgências demandam atenção. Reconheça a importância de seus argumentos, ouvindo-as com atenção. Se elas precisarem de informações, esclareça-as.

Escute para entender, não para concordar: Esteja preparado para diferenças de opinião ou de ponto de vista. Não pare de raciocinar só porque alguém discorda de você.

Pense em aprender: Procure aprender pelo menos um fato ou uma idéia nova de cada pessoa que falar com você. Isto alimentará sua curiosidade.

> **"As pessoas ouvem freqüentemente a crítica 'ele fala demais', mas por acaso alguém já foi criticado por 'escutar demais'?"**
>
> NORMAN AUGUSTINE

REAJA AOS FATOS

PENSE ESTRATEGICAMENTE

A última década introduziu o termo "trabalhador do conhecimento" no ambiente corporativo. Ou seja, espera-se que colaboradores de todos os níveis *pensem* – seja propondo idéias na produção ou aperfeiçoando os serviços para o consumidor, de modo que a empresa melhore o seu desempenho.

Isso, de certa forma, criou também a categoria de "gerente do conhecimento". Seu trabalho consiste em elaborar planos estratégicos, com metas e direcionamentos para que você e sua equipe possam trabalhar de forma eficaz.

Pensar estrategicamente é uma habilidade que se aprende. Você desenvolve essa competência ao formular perguntas inteligentes, buscar as respostas e evitar conceitos ultrapassados ou "verdades" que limitem sua perspectiva.

Provavelmente, você nunca se preocupou muito com a qualidade do seu pensamento estratégico. Não é uma habilidade fácil de avaliar, como digitação ou redação de relatórios. Mas agora que você é um gerente, deve demonstrar a capacidade de olhar o cenário como um todo, em vez de um único detalhe, e enfrentar os desafios com vigor intelectual.

Seus chefes o julgarão, em parte, pela maneira como você

analisa os problemas e apresenta soluções criativas. Eles não chegaram ao topo aceitando pensamentos convencionais. Você precisa utilizar o potencial máximo de sua inteligência – e dos membros de sua equipe – para maximizar sua contribuição.

Cultive o hábito de formular questões profundas, dando tempo para que sua equipe encontre as respostas. Quanto mais vocês pesquisarem, mais aprenderão. A análise dos itens *Forças*, *Fraquezas*, *Oportunidades* e *Ameaças* (a famosa análise SWOT) também é um grande auxílio para o pensamento estratégico.

A identificação dos prós e dos contras, juntamente com as oportunidades e os perigos que podem surgir, permite escolher o melhor meio de ação. Faça sua equipe participar desse exercício e receba bem as idéias e as sugestões que aparecerem. Isto dá a chance de um ajudar o outro a ficar mais inteligente. Assim, você impressionará seus superiores como um mestre da estratégia.

Alcance um nível mais alto de pensamento estratégico ao aplicar as seguintes ferramentas:

Aprofunde-se em pelo menos três níveis: Não se limite à superfície do problema. Continue perguntando "Por quê?". Você saberá que examinou um assunto em profundidade quando conseguir mostrar os bastidores de um trabalho – as causas que o fizeram merecer atenção.

Faça uma triagem: Separe os fatos ou idéias que interessam dos detalhes irrelevantes e descartáveis. Concentre-se apenas no conjunto de informações mais dinâmicas e reveladoras, evitando ser soterrado por uma montanha de dados.

Examine todos os ângulos e conseqüências: Pense na frente, faça projeções, de forma a identificar as repercussões das decisões estratégicas. Saiba o que está em jogo e preveja todas as conseqüências para eliminar surpresas desagradáveis de última hora.

"Pensar estrategicamente é pensar com disciplina e tomar decisões bem fundamentadas sobre a direção que você deseja seguir."

JOHN WOODS

AJA SOZINHO

CONSTRUA ALIANÇAS

Você só alcançará sucesso como gerente se tiver aliados. E quanto mais, melhor.

Fazer com que as pessoas gostem de você requer tato e sensibilidade. Há uma diferença significativa entre cultivar amigos e ser querido pelos colaboradores. Trate sua equipe com gentileza e respeito, mas não tente se socializar ou se abrir com ela. Não é possível ser realmente amigo de quem é subordinado a você.

Os melhores aliados estão entre seus superiores e colegas do mesmo nível. Procure pessoas que você admira e deixe-as saber disso. Troque favores, deixe-as bem informadas, comemore as vitórias em conjunto e console-as nas derrotas.

Atitudes impulsivas têm seu momento, mas evite falar qualquer coisa ainda que remotamente polêmica para não afastar nenhum aliado em potencial. Faça uma pequena pausa antes de dizer o que vem à sua mente. Pense com a cabeça de seu colega e imagine qual seria a reação dele. Antes de dar sua opinião, verifique o que os futuros aliados pensam. Refira-se a eles de forma positiva, congratule suas ações e deixe-os saber o quanto você aprendeu com a experiência deles. Sendo sincero, você atrairá aliados com facilidade.

Preste atenção nos pedidos indiretos de ajuda. Se um colega do mesmo nível mencionar que pretende "começar a usar um novo software", ofereça-se para dar uma rápida explicação. Se outro perguntar como conseguir mais informações sobre um determinado assunto, forneça os dados de que ele precisa logo na manhã seguinte.

Quando alguém demonstrar frustração, preocupação ou incerteza a respeito de assuntos relacionados aos negócios, não desperdice a oportunidade de dar sua opinião. Dependendo do tamanho do ego da pessoa, você pode apresentar suas idéias como perguntas – "Você já tentou...?" – e não como sugestões – "Acho que você deveria tentar...".

Até nas questões pessoais é possível mostrar sua disponibilidade. Se o filho de um colega passou no vestibular, por exemplo, organize uma festa no trabalho. Sua atenção altruísta não apenas alegrará o dia do colega, mas aumentará seus aliados no ambiente de trabalho.

Não seja tímido ao elogiar um colega que recebeu um prêmio, outro que foi promovido ou mesmo alguém que toma uma decisão que você considera inteligente ou visionária – dê parabéns às pessoas pelas conquistas, de membros da equipe até fornecedores e clientes. Como mensageiro das boas notícias, você conquistará aliados na medida em que o objeto de sua admiração percebe o quanto você ficou impressionado.

Siga estes passos para conquistar aliados:

Converse sem competir: Procure aprender com os colegas e chefes em vez de tentar vencê-los nas discussões. Não menospreze as histórias dos outros nem ostente seu conhecimento.

Afaste-se das discussões triviais. Se discordar de alguma opinião, apresente suas razões diplomaticamente.

Reconheça o que está certo: Se você gostou do que ouviu, expresse sua satisfação, nem que seja sorrindo ou balançando a cabeça afirmativamente. Manter a cara fechada o torna antipático e impede que os outros percebam se você está prestando atenção na conversa.

Satisfaça as aspirações: Leve em conta os interesses pessoais dos outros. Identifique seus desejos e providencie para que eles sejam atendidos.

"Se dar bem com os outros é a essência do sucesso. Tem tudo a ver com cooperação."

WILLIAM FEATHER

IGNORE O QUE OS OUTROS PENSAM

OBTENHA FEEDBACK

Quase todos os novos gerentes enfrentam crises de insegurança. Inevitavelmente, eles pensam: "Como está meu trabalho? O que meu chefe pensa de mim? Estou no caminho certo para uma promoção, ou será que fiquei para trás?"

Poucos conseguem encontrar as respostas que procuram. Apesar da popularidade da técnica de avaliação de 360 graus – na qual colaboradores, colegas e superiores avaliam a si mesmos e os outros –, muitos gerentes se surpreendem de como são vistos pelos outros. Os programas de avaliação formal são muito úteis para mensurar habilidades e competências, mas raramente trazem alguma luz sobre características de personalidade e a capacidade de lidar com pessoas – características importantes que influenciam a maneira como os outros se relacionam com você.

Um dos desafios de quem chega à gerência é lidar com a falta de feedback, principalmente dos superiores. Seu chefe pode até soltar eventuais comentários ou críticas, mas são mínimas as chances de você receber uma avaliação completa de seu comportamento ou desempenho no trabalho.

A falta de avaliação pode torná-lo cada vez mais equivocado

a respeito de suas habilidades. *Você* pensa que faz um bom trabalho, mas, sem o aval dos superiores, sua confiança está sendo testada. Não se conforme com isso – peça feedback de seu desempenho. Se esperar pela próxima avaliação semestral ou anual, você corre o risco de se decepcionar novamente – afinal de contas, muitos executivos simplesmente ignoram esses programas de avaliação e preenchem as fichas de qualquer maneira.

Crie situações para que chefes e colegas falem tranqüilamente o que pensam de você. Quando entregar um trabalho, confirme o recebimento e informe se atendeu às necessidades. Quando fizer uma apresentação, pergunte aos participantes se o tempo deles foi bem gasto e, depois, confira se a idéia que você propôs foi aproveitada.

Procure obter feedback utilizando os seguintes métodos:

Faça perguntas indiretas: Se você tem boas relações com a pessoa, pode pedir sem rodeios que ela faça um feedback honesto. Infelizmente, poucos responderão com franqueza. Na maioria das vezes, é melhor você mesmo se auto-avaliar e ver sua reação. Por exemplo: "Vejo que preciso melhorar em dois aspectos, escutar mais e negociar melhor os contratos. Você concorda?"

Estabeleça uma base: Uma vez que você entenda a maneira como a pessoa se expressa, poderá ler nas entrelinhas quando ela o avaliar. Se for notório o seu comedimento – "bom" ou "certo" são suas palavras-chave – e ela classificar seu trabalho como "excelente", é sinal de que gostou muito do que você fez.

Despersonalize: Em vez de perguntar à queima-roupa, faça colocações mais gerais. Por exemplo: "O que você acha das pessoas que insistem em produzir equipamentos sem defeitos, mesmo que isso aumente o tempo de fabricação?" é melhor do que dizer "Você acha que eu sou perfeccionista, que faço um trabalho bom, mas demorado?".

> **"O sucesso tem a ver com feedback, feedback e feedback. Da mesma maneira que você não pode fazer uma máquina funcionar sem ele, você também não pode administrar uma empresa sem feedback."**
>
> BARBARA REINHOLD

DEIXE QUE DESCUBRAM SOZINHOS

DÊ INSTRUÇÕES CORRETAS

Uma das armadilhas em que os gerentes caem com maior freqüência é não comunicar exatamente o que querem – e então perder a cabeça quando não obtêm os resultados esperados.

Dar instruções a colaboradores é parte fundamental de seu trabalho como gerente. O que você disser – e *como* disser – determinará se eles cumprirão ou não a tarefa. Parece simples. Basta mandar a equipe executar uma série de tarefas e deixá-la trabalhar, mas a verdade é que muitos obstáculos podem desviá-la do caminho certo. As pessoas podem não entender as instruções. Você pode falar de maneira confusa. E, mesmo que entendam perfeitamente o que você quer, podem se recusar a fazê-lo, ou falhar na tentativa.

Dar instruções de forma adequada faz toda a diferença. Se você explicar demais, ou usar um tom professoral, as pessoas podem ficar ressentidas, achando que você as subestima. Por outro lado, se receberem uma série de ordens complexas, podem ficar confusas e não saber por onde começar.

Se você usar muitos jargões e uma linguagem excessivamente técnica, pode causar problemas. Os colaboradores podem não estar a par da situação tão bem como você, então é preferível utilizar palavras simples e cotidianas. Não espere que eles se identifiquem com o seu modo de pensar.

Adapte suas instruções à personalidade e ao nível de conhecimento de cada um. Leve em conta o estilo normal de comunicação de cada pessoa, a capacidade de escutar e a familiaridade com a tarefa. Se, por exemplo, alguém tende a se distrair e deixar passar informações relevantes, você pode enumerar as etapas e verificar se ele tomou nota.

O risco aumenta quando você lida com colaboradores novos, principalmente quando ainda estão aprendendo o trabalho. Evite termos técnicos e afirmações ambíguas para não correr o risco de ser mal interpretado. Concentre-se na ação. Se você fizer uma introdução muito longa, estará testando a paciência de quem escuta. Se desviar do ponto principal, ou emitir opiniões cada vez que direcionar o trabalho dos outros, tornará a mensagem confusa.

Para garantir que você enviou suas instruções corretamente e todos entenderam exatamente o que você deseja que eles façam, coloque-se no lugar dos colaboradores e responda diretamente, em uma frase, à seguinte pergunta: "O que você quer que eu faça?"

Para obter melhores resultados quando der instruções, siga as dicas abaixo:

Ensaie: Organize seus pensamentos com antecedência. Pratique com um amigo para se certificar de que você está apto a instruir a equipe de forma clara e concisa.

Comece de maneira simples: Parta do básico para o complexo. Dê aos colaboradores a chance de tirar suas dúvidas durante a explicação. Isso garante que eles compreendam os fundamentos antes de assimilar assuntos mais complicados.

Peça uma demonstração: Peça que os membros da equipe demonstrem que entenderam a mensagem. Não pergunte se eles compreenderam o que foi dito, convide-os a prová-lo de alguma forma a você.

> **"Os cinco passos para ensinar novas habilidades a um funcionário são: preparação, explicação, demonstração, observação e supervisão."**
>
> HAROLD HOOK

FALE COMO UM BUROCRATA

DEMONSTRE FORÇA AO FALAR

Mesmo que você tenha sido promovido graças à sua excelência técnica e à dedicação ao trabalho, parte do sucesso agora depende de sua capacidade de convencimento. Gerentes não podem se dar ao luxo de ter um discurso confuso ou superficial – a comunicação precisa ser clara e direta; ao mesmo tempo que tentam não dominar todas as conversas, eles não podem ser ignorados pelas outras pessoas.

Estabeleça metas para se tornar um comunicador objetivo e claro. Foi o que fez o ex-secretário de Estado americano, Alexander Haig. Quanto mais poderoso ele ficava, mais procurava não se expressar com a rudeza dos comandantes militares. Ele sabia que falar como um burocrata dificultava o entendimento do que ele queria dizer e minava a confiança do grupo. Por isso, acabou desenvolvendo um vocabulário em que pontificavam expressões do tipo "fazer uma advertência" e "todo cuidado é pouco".

A força das habilidades de comunicação está relacionada ao tom de voz, à linguagem corporal e à escolha das palavras (limitando os adjetivos, de preferência). Ao ajustar a entonação, a velocidade e o volume, você adiciona força e clareza a suas afirmações – da mesma forma que manter uma postura ereta, gesticular com naturalidade e estabelecer um contato visual amigável irradia equilíbrio e liderança para os outros.

Os melhores comunicadores mantêm o foco no tema principal, cortam os floreios e utilizam o menor número de palavras para transmitir, e enfatizar, sua mensagem.

Se o objetivo é persuadir outras pessoas, não desperdice palavras. Fale apenas o necessário e evite o duplo sentido. Você não impressionará a audiência com análises frias ou murmúrios de aprovação. Mesmo que você seja tímido, retraído ou pouco espontâneo, não faça insinuações nem use palavras ambíguas – seja convincente e específico.

A seguir estão três maneiras de falar de forma confiante:

Enfatize palavras de ação: Antes de defender uma idéia importante, escolha uma palavra de ação e faça uma pausa de pelo menos meio segundo logo depois de dizê-la. A ação direciona o sentido, portanto não despreze a força das palavras.

Varie o volume: Bons comunicadores não são monótonos. Eles sussurram para que os outros prestem atenção e falam alto quando querem demonstrar surpresa ou excitação. Altere o volume de sua voz de acordo com o clima da conversa.

Fale de forma visual: Crie um discurso cheio de imagens visuais para cativar os ouvintes. Em vez de dizer o que eles devem pensar, descreva sua visão em uma linguagem precisa e minuciosa.

"O melhor discurso é aquele que leva os outros a fazerem as coisas."
DAVID LLOYD GEORGE

○ IGNORE OS CÍNICOS

◉ CONVENÇA OS CÍNICOS

Ignorar os cínicos é um mau negócio. Deixados à própria sorte, eles podem drenar todo o entusiasmo e o compromisso da equipe com a excelência. Esses tipos inescrupulosos acham que têm todas as respostas, portanto não escutam a voz da razão. Rir de suas tiradas sarcásticas não é uma boa solução a longo prazo. Eles considerarão sua resposta tímida, o que soará como um sinal verde para continuarem destilando sarcasmos e ironias.

Uma das tarefas mais difíceis para um gerente é silenciar os cínicos e evitar que enfraqueçam o moral da organização. Para isso, é preciso ter vigilância constante. Quando alguém faz um comentário destrutivo, peça que ele apresente o seu ponto de vista e o sustente. Não aceite o cinismo, mesmo que no fundo você concorde com ele ou saiba que a ironia não foi dirigida a *você*. Responda com firmeza a todos os comentários.

Se, por exemplo, um colaborador debochar da "caixa de sugestões" da empresa, dizendo que o programa é "uma piada", não balance a cabeça afirmativamente. Mesmo que você concorde com a crítica, não deixe que ele perceba. Convide-o a apresentar novas idéias: "Que providências você sugere para que possamos melhorar o programa?" A estratégia é transformar o comentário negativo em uma sugestão para a solução do problema.

Alguns cínicos precisam de uma "oportunidade" para dar vazão a suas observações e opiniões. Você pode escolher uma pessoa de confiança, que seja imune ao cinismo e que tenha a habilidade de transformar o sarcasmo em ações construtivas, e lhe dar uma missão: aproximar-se e criar um vínculo de amizade com o cínico, mantendo encontros periódicos para trocar idéias e elaborar projetos.

É importante que os cínicos desabafem suas opiniões virulentas com alguém, pois isso diminui a chance de eles ficarem reclamando de tudo no meio de uma reunião. Esse tipo de comportamento não apenas atrapalha o andamento do trabalho como pode fazer com que os comentários debochados e sarcásticos contaminem os outros.

Gerentes inexperientes, às vezes, rotulam alguém como cínico e não levam em consideração nada do que ele diz ou faz. Ignorá-los não faz com que os cínicos desapareçam. Ao contrário. Se você batizou aquele colaborador de "Sr. Sarcasmo" e ele descobrir o apelido, a tendência é que radicalize ainda mais o seu comportamento. A única maneira de esvaziar o cinismo de alguém é pedir que diminua a mordacidade de seus comentários. Marque uma reunião e confronte seus pontos de vista pessoalmente.

Algumas sugestões para neutralizar a atuação dos cínicos nas empresas:

Remova obstáculos para facilitar o trabalho: Se eles apresentarem algum ponto de vista que seja válido, incorpore-o. Construa um filtro para reunir suas queixas e recompense suas propostas construtivas com uma resposta rápida, para mostrar que o cinismo não compensa.

Deixe os críticos experimentarem: Dê mais poder aos cínicos para que eles resolvam sozinhos os problemas. Dê-lhes autoridade limitada, permita que façam mudanças condicionais e observe o resultado. Exercendo o poder, eles terão menos do que reclamar.

Peça provas: Cínicos costumam fazer comentários ásperos sem fundamentos. Ao perguntar "Quais os fatos que você tem para comprovar isso?", você expõe a inconsistência de suas argumentações. E se eles efetivamente apresentarem uma razão irrefutável, ajude-os a perceber que é possível mudar as coisas conquistando aliados em vez de manter uma postura agressiva.

> **"Quando se trata de pessoas e suas sutilezas, idiossincrasias e falhas de caráter, a lista parece não ter fim. O objetivo do gerente continua o mesmo: evitar que essas pessoas atrapalhem o trabalho do grupo."**
>
> ANDREW S. GROVE

RESISTA À MUDANÇA

ESTEJA PRONTO PARA MUDAR

Articule uma visão para os colaboradores. Isso os ajudará a apreciar sua contribuição individual para o sucesso da organização, o que é muito importante em tempos de mudança.

Ao definir uma nova meta a ser alcançada, você tranqüiliza a equipe e consegue mostrar o lado positivo da mudança. Mas não faça isso sozinho. O ideal é que seu supervisor, que é quem tem a clareza dos benefícios para a empresa, lhe forneça os argumentos. Só assim você estará apto a disseminar a visão corporativa e endossá-la com sua própria dose de entusiasmo.

Se você se sentir inseguro para enfrentar as transformações junto com a equipe, não se desespere. Identifique as vantagens da mudança do ponto de vista dos colaboradores e apele para seus interesses pessoais, especificando o que eles têm a ganhar a curto e a longo prazo. Exemplo: se dois departamentos estão sendo fundidos, enfatize a melhoria na comunicação com chefes e colegas e o acesso a novas tecnologias que facilitam o dia-a-dia, além da economia de custos para a empresa que, no final das contas, se traduz em mais segurança no trabalho.

Procure não usar frases com chavões, pois elas deixam os colaboradores inseguros. Por isso, evite dizer: "A mudança é uma constante nos dias de hoje" ou "Temos que mudar para sobreviver". Se ocorrerem demissões, realocações ou outras conseqüências desagradáveis, antecipe as dúvidas e preocupações e esteja pronto para respondê-las. Se quiser se antecipar, prepare e distribua uma folha com perguntas e respostas, para que as pessoas leiam e entendam o que está acontecendo e como isso modificará sua rotina diária.

Faça quantas reuniões informais forem necessárias. Quanto mais você conversar sobre a natureza da mudança e o impacto que ela terá na vida das pessoas, mais rumores você evitará. Essa atitude também aumenta a confiança do grupo em você. Mostre-se acessível a qualquer um.

Pode acontecer que você, como gerente novato, não tenha todas as respostas. Nesse caso, seja franco em suas colocações: "Eu não sei o que está acontecendo, mas vou procurar descobrir e lhe informo depois." É melhor do que fugir e se trancar na própria sala.

Prepare o terreno para a mudança, seguindo estes passos:

Acene com recompensas: Explique as vantagens de se adaptar rapidamente às mudanças. Se você puder oferecer um escritório maior, um equipamento mais moderno ou um horário de trabalho mais flexível, certamente a equipe lidará melhor com as novidades e diminuirá a resistência.

Antecipe vários cenários: Todo mundo quer saber o objetivo final do processo de mudança. Ou seja: de que maneira as coisas ficarão diferentes? Responda apresentando uma série de resultados e especifique quais as variáveis envolvidas no processo.

Evite dar opiniões negativas: Apresente a mudança de um

ponto de vista positivo ou, pelo menos, neutro. Não revele sua opinião, especialmente se você for contra, ou os colaboradores seguirão sua atitude negativa.

"Pessoas não resistem a mudanças.
Elas resistem a serem mudadas."
PETER SCHOLTES

FALE O QUE VIER À CABEÇA

CONTROLE SUAS PALAVRAS

Os comunicadores mais dinâmicos não falam muito. Eles não tentam conquistar a atenção das pessoas com frases de efeito e voz estridente, mas sim valorizar o discurso e usar as palavras como um verdadeiro tesouro. Gerentes carismáticos só falam quando realmente têm algo a dizer.

Ficando quieto, ouvindo com atenção e expressando seu ponto de vista com o mínimo possível de palavras, você pode se tornar um mestre da persuasão. O silêncio aumenta seu poder. E, como resultado, seus colaboradores perceberão que cada palavra conta muito e naturalmente se concentrarão no que você tem a dizer.

Atormentados por incertezas e pelo nervosismo, alguns gerentes novatos falam demais. Eles repetem instruções simples tantas vezes que os colaboradores se sentem insultados. Às vezes, contam piadas longas e sem nexo, que não servem nem para animar a conversa, interrompem quem está falando e mudam constantemente de assunto. Cada vez que isso acontece, todo mundo se ressente: “Se ele não está interessado em me ouvir, então por que eu devo prestar atenção no que ele diz?”

Para controlar suas palavras, você deve apreciar o poder do

silêncio. Isto é, sem dúvida, mais fácil de falar do que fazer. Muitos ficam inibidos com os momentos de silêncio em uma conversa e, claro, gerentes não querem parecer inseguros quando têm algo a dizer.

Permanecendo calado, há quem consiga se comunicar em alto e bom som. Uma simples pausa pode significar aprovação, desaprovação, preocupação, curiosidade ou uma miríade de outros pensamentos. Tudo depende do contexto da conversa, do ritmo e da expressão facial. A quietude é boa para acalmar os nervos – os seus e os dos outros. Ela dá, a cada um, a chance de refletir sobre a situação, em vez de inflamar a conversa com comentários feitos com a "cabeça quente".

Outro perigo de se falar demais está na possibilidade de aborrecer quem escuta. Colaboradores estressados podem não conseguir prestar atenção às suas diretrizes se você começar a se repetir e a dizer coisas incoerentes. A tendência é que eles divaguem e acabem perdendo partes importantes da informação que você quer que eles assimilem. Quando tiver vontade de falar alguma coisa, pergunte a si mesmo se o assunto pode esperar.

Para dominar o poder do silêncio, mantenha os lábios fechados, respire fundo e escute:

Aplique o princípio 80/20: Em uma conversa com outra pessoa, procure escutar 80% do tempo e limite sua fala aos 20% restantes. Isto pressupõe que você vai fazer perguntas para que seu interlocutor possa desenvolver os pontos de vista dele.

Faça uma pausa depois de perguntar: Quando fizer uma pergunta, pare e espere pela resposta. Se a pessoa não reagir rapidamente, controle-se e não responda sua própria questão, nem mude de assunto. Ficar em silêncio por cinco ou 10 segundos pode parecer uma eternidade, mas, às vezes, é a única maneira de verificar como os outros pensam.

Deixe-os descarregar: Quando alguém está agitado ou com raiva e precisa desabafar, fique quieto. Dizer coisas como "Calma" ou "Eu entendo" só piora as coisas. A pessoa pode responder "Eu *estou* calmo!" ou "Não, você *não* entendeu".

> **"Se você se mostrar disponível, a pessoa apresentará uma solução adequada."**
>
> MARY KAY ASH

PERGUNTE POUCO

FAÇA PERGUNTAS PERSPICAZES

Uma das maiores razões para o sucesso de um gerente está na sua habilidade de fazer as perguntas certas. Por si só, o ato de perguntar já apresenta riscos. Basta errar no tom de voz ou na escolha das palavras para ofender ou chatear os outros. Ainda assim, as perguntas são ferramentas insubstituíveis para aprimorar sua técnica.

Nenhum gerente pode administrar com eficiência se não questionar constantemente sua equipe. Ao pontuar suas indagações com inteligência e respeitar o ritmo de cada um, aumentam as chances de os colaboradores se nivelarem a você.

Quem trabalhou com supervisores menos questionadores tem uma capacidade maior de aceitar perguntas. Pode até apreciar sua boa disposição para escutar e aprender em vez de ficar dando ordens. Sim, porque as perguntas revelam idéias e opiniões que foram deixadas de lado por não terem despertado o interesse de ninguém.

Demonstre interesse em cada resposta e agradeça quando receber alguma informação especialmente relevante. Antes de retrucar, espere alguns segundos depois que a outra pessoa terminar de falar. Isto permite que outros incluam comentários reveladores que de outra forma ficariam de fora.

Só faça perguntas se estiver verdadeiramente interessado na resposta. Todo mundo percebe quando você não está prestando atenção na conversa. Não precisa ser esperto – o ar distraído, como se estivesse nas nuvens, ou o tom de voz monótono sinalizam fortemente a falta de concentração. Para não piorar as coisas, evite fazer perguntas em série para não cair no estilo interrogatório.

Tenha cuidado com sua linguagem corporal. Se você ficar agitado ou olhando em volta, os outros perceberão sua falta de interesse nas respostas. Pela mesma razão, não fique sorrindo o tempo todo nem balançando a cabeça em aprovação – a tentativa de parecer envolvido pode soar exagerada. O ideal é manter-se quieto e interessado.

Quando você finalmente se cansar de enviar sinais positivos, a outra pessoa pode achar que você não concorda ou não está entendendo. Para não quebrar a concentração e o ritmo de quem está falando, outra dica: evite ficar murmurando e não pontue a conversa com expressões do tipo "Eu sei" e "Continue" a cada segundo.

Aprenda a fazer perguntas de forma que os colaboradores revelem tudo o que você quer saber:

Seja simples: Separe as afirmações das questões. Não inclua observações e opiniões nas perguntas. Frases curtas e concisas o ajudarão a manter o foco, sem misturar os assuntos.

Lance uma investigação extra: Para demonstrar que você prestou atenção, e confirmar que entendeu a resposta, cultive o hábito de revisar o que foi dito, especialmente quando o assunto for importante. Use frases como “Deixe-me ver se entendi...” ou “Então você está dizendo que...?”.

Não fique na superfície: Incentive os colaboradores a pensar com mais rigor. Gentilmente, tente descobrir mais sobre eles perguntando “O que isto significa?” ou “O que você concluiu disso?”.

“Minha grande força como consultor é ser ignorante e fazer poucas perguntas.”

PETER DRUCKER

NÃO DÊ CHANCE PARA OS MAUS PROFISSIONAIS

ESTIMULE O DESEMPENHO DOS PROFISSIONAIS FRACOS E MEDÍOCRES

Estabeleça um alto padrão de desempenho. Se você aceitar que sua equipe exiba performances fracas ou medíocres, terminará cercado de meia dúzia de colaboradores incapazes de atingir as metas.

Gerentes novatos precisam buscar a excelência. Ao exigir o máximo das pessoas, perceberão que elas vão se esforçar para não decepcioná-lo. Se aceitar uma tentativa mediana, você admite, mesmo que subliminarmente, que as metas são fáceis de serem atingidas.

Ao transformar colaboradores em estrelas de alta performance, você impressionará seus supervisores e ganhará a reputação de líder exigente e orientado para resultados. Sua equipe também se sentirá melhor consigo mesma, uma vez que integrará o pelotão de elite da empresa. O desejo de se superar vai crescer e ninguém mais se conformará com trabalhos de segunda classe.

A verdade é que admitir desempenhos medíocres nos outros acaba revelando o que há de pior em você. Pode anotar: seus resultados começarão a cair. Quando você se cerca de pessoas sem talento, fica difícil conquistar a nota 10. Nos esportes, há muitos exemplos de atletas que não se esforçam em jogos contra times fracos, reservando sua energia e vigor para enfrentar os líderes do campeonato. O fato de serem pressionados pelos colegas e pela equipe técnica a ter uma performance acima da média faz com que eles descubram novas forças para lutar por um resultado melhor.

Ao identificar profissionais com uma performance abaixo da média, envolva-se pessoalmente. Um erro comum entre os gerentes recém-promovidos é gastar muito tempo com os melhores colaboradores e ignorar aqueles que apresentam problemas de desempenho ou não se esforçam no trabalho. Esse abandono só radicaliza a atitude dos problemáticos de plantão, que tendem a se esconder cada vez mais e evitar chamar atenção. Quanto mais sozinhos eles ficam, mais difícil se torna tirá-los do "buraco".

Elimine gradualmente os desempenhos inaceitáveis estabelecendo metas ambiciosas e incentivando os esforços individuais para atingi-las. Não esqueça de elogiar o que cada um tem de melhor e intervenha se os colaboradores escorregarem rumo à mediocridade, lembrando-os dos grandes planos que você tem para eles.

Alguns colaboradores resistirão a seus estímulos. Quanto mais excelência você exigir, mais para trás eles ficarão. Não ressalte suas queixas balançando a cabeça ou mostrando solidariedade. Em vez disso, faça uma abordagem inflexível. Isso mostrará que, para conquistar sua atenção, eles precisam deixar as desculpas de lado e se comprometer a melhorar o desempenho deles.

Veja o passo a passo para transformar colaboradores problemáticos em campeões:

Elogie os pontos fortes, mesmo que o colaborador não tenha muitos: Enfatize suas qualidades, fale sobre o lado positivo e incentive o profissional a contribuir de forma mais enriquecedora, realizando todo o seu potencial.

Desafie-os a melhorar pouco a pouco: Você não transformará colaboradores de desempenho fraco em estrelas da noite para o dia. Estabeleça metas de curto prazo que exijam esforço e resultados ligeiramente melhores. Cada conquista, por menor que seja, eleva o nível da equipe.

Transforme colegas em mentores: Coloque os profissionais de melhor desempenho e talento junto com os mais fracos. Em geral, dá certo. Quem está abaixo da média freqüentemente trabalha melhor quando conta com o apoio de colegas bem-sucedidos.

> "Nós descobrimos que os ambientes mais estimulantes e afáveis são também muito difíceis para se trabalhar. Não há burocracia nem confusão, mas, em geral, as empresas de ponta costumam apresentar simultaneamente os dois lados da mesma moeda: ambientes difíceis para se trabalhar e ambientes prazerosos."
>
> TOM PETERS

NÃO VALORIZE AS TÉCNICAS DE APRESENTAÇÃO

ENCANTE SUA AUDIÊNCIA

A capacidade de realizar uma apresentação vencedora é uma ferramenta valiosa no arsenal de habilidades gerenciais. Você se destaca da multidão ao demonstrar autoconfiança e carisma diante da platéia.

O segredo da vitória, nesse caso, consiste em se imaginar como líder de debates, em vez de conferencista. É preferível estabelecer um diálogo que prenda a atenção de todos a usar truques de apresentação e recitar um discurso preparado com antecedência.

Quer você goste ou não, os gerentes freqüentemente são convocados a falar em público, a conduzir reuniões de equipe, a fazer apresentações para altos executivos sobre o progresso de sua unidade ou mesmo discursos em seminários de negócio e em associações de classe. Mesmo que falar em público não esteja entre seus melhores predicados, você não pode perder oportunidades desse tipo, onde é possível praticar e aperfeiçoar suas técnicas.

O importante é mostrar que seu entusiasmo é autêntico, verdadeiro. O público precisa sair de sua apresentação dizendo "Enfim, alguém que fala com naturalidade!". Quanto mais você conseguir imprimir um tom coloquial, mais pessoas prestarão atenção e confiarão em você. Se, no entanto, você usar uma voz empostada ou se mostrar distante, será difícil convencer a platéia.

O segredo do sucesso é cativar as pessoas logo no primeiro minuto da apresentação. Comece com uma observação inusitada, uma piada ou uma estatística surpreendente. Dirija-se à "turma do fundo", de forma que sua voz preencha o ambiente. Se você hesitar, ou falar baixo, a platéia pode achar que você não tem nada a dizer e simplesmente parar de prestar atenção.

A atitude corporal é outro ponto fundamental. Estique o corpo e tente manter uma postura confortável, com os braços ao lado do corpo e gesticulando naturalmente. Mantenha as mãos longe do rosto e da cabeça, e não gesticule de forma exagerada. Também é importante fazer contato visual com diferentes pessoas da platéia. O ideal é olhar para alguém diretamente enquanto fala duas frases. Então, passe para uma pessoa do outro lado da sala ao pronunciar as palavras seguintes e continue trocando o contato visual nesse ritmo. Não se detenha em ninguém especialmente.

Siga as regras abaixo para aperfeiçoar sua técnica de apresentação:

Personalize seus comentários: Seja flexível e prefira seguir uma idéia geral, *não* um texto predefinido. Ler um discurso linha por linha fará a audiência dormir. Estimule o público a fazer perguntas ao longo da apresentação, para que ele possa interagir e manter a dinâmica em alta.

Envolva todo o grupo: Oradores inseguros têm tendência a se concentrar em dois ou três aliados da platéia. Direcione a atenção para pessoas em todas as partes da sala, inclusive para quem estiver no fundo da platéia. Dê a mesma atenção para todos, não deixe ninguém se sentir excluído.

Utilize recursos visuais turbinados: Minimize o uso de slides. Só use algum suporte visual em sua apresentação se ele acrescentar um toque especial.

> **"Apresentação: um evento visual e carismático com o objetivo de comunicar, de transmitir informações, de ajudar a esclarecer, de obter concordância e/ou de motivar para a ação."**
>
> JENNIFER ROTONDO

CRITIQUE TUDO QUE ACHAR ERRADO

CRÍTICAS CONSTRUTIVAS SÃO BEM-VINDAS

Todo novo gerente tem sua prova de fogo. Uma das piores é, sem dúvida, a hora de avaliar criticamente seus colaboradores. No começo será muito difícil, mas, com a prática, vai se tornando mais fácil.

O ato de criticar é um ótimo teste para suas habilidades de comunicação. Usando a técnica adequada, você consegue transformar um comentário aparentemente negativo em uma mensagem motivadora para todos os envolvidos. O tom de voz e a escolha das palavras são fundamentais para ter sucesso na empreitada. Se você demonstrar compaixão ou irritação, prepare-se para enfrentar problemas – as pessoas perceberão seu nervosismo e se encolherão de medo. E se, para piorar, você for demasiadamente rude, sua crítica pode se tornar uma questão pessoal.

Escolha expressões neutras, para evitar reações defensivas. Palavras como "sempre", "nunca" ou "o pior" aumentam a dimensão do problema, assim como as formas verbais "é", "foi", "tem" e "são" indicam culpa e identificam a pessoa pelo seu pior erro. Para ter noção exata do poder das palavras, experimente trocar a frase "Jack é lento" por "Jack pode ligar para mais clientes ao longo do dia".

O vocabulário pode ser usado contra você quando ele sugere generalizações ou julgamentos de valor exagerados. Em compensação, ele trabalha a seu favor quando descreve comportamentos e simulações visuais das ações do funcionário. Ao descrever o que está vendo, sua crítica se baseia em sólidas evidências. Isso diminui a chance de a pessoa contestar ou discutir com você.

Antes de criticar, pergunte a si mesmo: "O que essa pessoa está fazendo?" Certifique-se de que sua resposta captou o comportamento em questão. Se você apelou para palavras como "lento", "descuidado" ou "inaceitável" é porque não está se referindo a fatos reais – e sim julgando e rotulando a maneira como determinada pessoa age.

Como regra geral, elogie em público e critique em particular. Você não quer que as pessoas se sintam constrangidas, não é mesmo? Comece o comentário com alguma observação positiva – "Isso pode ajudar..." ou "Tenho uma idéia..." – e evite falar mal de aspectos pessoais e características de personalidade. Limite suas observações a ações específicas que você quer que a pessoa mude ou melhore.

Fale de maneira sincera e positiva. Se sua crítica for bem-intencionada, não há motivo para se mostrar hesitante, frio ou insensível. O nível de entusiasmo em sua voz vai definir o tom da resposta do colaborador.

É contraprodutivo fazer críticas ao mesmo tempo que se desabafa algum problema. Gerentes com temperamento explosivo devem fazer seus comentários apenas quando estiverem calmos e controlados.

Veja como criticar construtivamente:

Seja direto: Quando a situação é desconfortável, nossa tendência é demorar a entrar no assunto, mas o resultado é que isso apenas aumenta a agonia. Tente apresentar sua crítica de modo objetivo, sem subterfúgios ou explicações desnecessárias.

Verifique suas suposições: Deixe bem claro que você acredita na capacidade do funcionário de melhorar. Faça suas críticas, mas deixe nas entrelinhas uma mensagem positiva. "Você pode fazer melhor" é, sem dúvida, muito mais animador do que "Você é uma causa perdida".

Preserve a auto-estima do colaborador: Tranqüilize-o dizendo "Talvez você não esteja sabendo..." ou "Tenho uma sugestão e gostaria de ouvir sua opinião".

"Não faça críticas até que as pessoas estejam convencidas da confiança incondicional que você tem em suas habilidades."

JOHN ROBINSON

ADIE AS TAREFAS

ADMINISTRE SEU TEMPO DE FORMA PRODUTIVA

Gerentes novatos freqüentemente têm dificuldade em administrar o seu tempo. As novas responsabilidades os deixam assoberbados e eles acabam fazendo malabarismos na tentativa de conseguir realizar várias tarefas simultaneamente. Eles dão início a muitos projetos, mas raramente chegam a completá-los. Acabam transferindo para outro dia ou deixando para depois o que pode ser feito hoje.

Não há mistério em gerenciar o tempo. Basta ter disciplina, concentração e comprometimento. Pena que, mesmo depois de participar de seminários sobre "administração do tempo" e aprender a redigir elaborados sistemas de eficiência – que acabam sendo deixados de lado, é claro –, os novos gerentes continuem achando que precisam utilizar ferramentas extravagantes para obter sucesso.

No fundo, combater a mania de adiar as tarefas requer uma boa dose de força de vontade. Comece identificando os hábitos de trabalho menos produtivos e acabe com eles. Depois abandone os métodos inadequados que você usa para planejar e executar suas tarefas e encontre soluções que permitam fazer mais coisas em menos tempo.

Investigue por que você perde o interesse em concluir os projetos que inicia. O que o paralisa? Normalmente, a resposta revela a sua falta de confiança nos resultados, a incerteza sobre o que terá de ser feito a seguir ou o fato de você não gostar da natureza do trabalho.

É comum que um gerente recém-promovido duvide de sua própria capacidade profissional. Ele pode achar que, ao finalizar a tarefa com presteza, ficará vulnerável a críticas e assim revelará sua incapacidade para o cargo. Como conseqüência, ele começa a fingir que está cheio de trabalho. Também é normal temer que os outros o considerem um impostor.

A saída é combater – e vencer – essa ansiedade, realizando o melhor trabalho possível. Adotando essa postura, você estará no caminho certo para gerenciar o seu tempo de forma mais produtiva. Elaborar uma lista de "coisas a fazer" é outra providência que pode não resolver todos os seus problemas, mas sem dúvida fornece uma ótima ferramenta para você passar da teoria à ação.

Ficar escrevendo e reescrevendo infinitamente uma lista de tarefas não é nada produtivo, mas enumerar as prioridades diárias, ou semanais, pode funcionar – especialmente se você estabelecer um prazo razoável para finalizar cada uma das tarefas listadas.

Outra coisa importante: não confunda atividade com produtividade. Ficar "atolado de trabalho" pode parecer algo positivo, mas não é. A tendência é você acabar perdendo a perspectiva geral. Por isso, uma boa solução é determinar as prioridades e direcionar sua atenção para as tarefas que encabeçam essa lista.

Para tirar o máximo proveito de cada dia de trabalho, siga as instruções abaixo:

Elimine o que não é produtivo: Identifique o que desperdiça seu tempo. Navegar na internet sem um objetivo ou manter longas conversas telefônicas, sem dúvida, o afastam de assuntos mais urgentes. Pequenas pausas ao longo do dia não causam problema, mas você precisa fazer por merecê-las.

Estabeleça padrões realistas: Quem gerencia mal seu tempo costuma ser perfeccionista. Como tem horror à imperfeição, acaba não conseguindo finalizar nenhuma tarefa. O gerente competente busca a excelência, não a perfeição.

Programe "arrancadas de 15 minutos": Use um timer para marcar intervalos de 15 minutos. A idéia é, durante esse período de tempo específico, se concentrar em uma única tarefa. Mesmo que você não a conclua, conseguirá dar um bom impulso, evitando deixá-la parada por muito tempo.

"Se você perguntar às pessoas quanto tempo elas dedicam às coisas urgentes mas não muito importantes, a maioria dirá que dedica 'metade do dia'."

STEPHEN COVEY

TENHA MEDO DA HIERARQUIA

IMPRESSIONE SEU SUPERIOR

Da mesma maneira que você gerencia os colaboradores, precisa gerenciar seu supervisor. Sua carreira só decolará se você conseguir mostrar para o escalão superior que é um talento valioso e confiável.

O risco é que essa preocupação excessiva em deixar uma "boa impressão" o leve a um processo de bajulação. Se a imagem de puxa-saco dos poderosos "pegar", seus colegas vão passar a considerá-lo uma pessoa falsa e disposta a tudo para subir na empresa.

A verdade é que existem maneiras e maneiras de impressionar pessoas importantes. Superar as expectativas, antecipar e esclarecer as dúvidas dos supervisores e procurar formas efetivas de agregar valor são atitudes que ajudam sua estrela a brilhar mais forte no primeiro escalão da empresa.

Mas se você ficar se exibindo, falando mal dos colegas e roubando os louros quando o sucesso é fruto do trabalho da equipe, os resultados serão péssimos. Vai manchar sua reputação e acabar com qualquer chance de crescimento.

Suas observações serão mais bem recebidas se você se mostrar organizado, entusiasmado e obcecado por apresentar resultados. Quando lhe perguntarem alguma coisa, apresente um panorama geral antes de entrar nos detalhes: "Temos três opções" ou "Vamos examinar o assunto em três níveis".

Olhe para o futuro quando discutir o andamento de um projeto. Concentre-se no que virá depois, em vez de se deter no que já passou. E não seja adepto da teoria do "esperar para ver". Ao contrário, diga sempre "Faremos progressos depois da reunião na próxima semana" e nunca "Estou esperando que retornem a minha ligação para marcar uma reunião".

Quando seu superior solicitar alguma coisa, responda com firmeza. "Estará na sua mesa às oito horas da manhã." Nada de dubiedades: "Tentarei entregar amanhã de manhã." Demonstre responsabilidade.

Os executivos desconfiam dos gerentes que enfeitam seus comentários com adjetivos e se recusam a assumir compromissos difíceis. A expressão "Eu posso fazer" opera milagres.

Procure estabelecer padrões em seu relacionamento com seus superiores. Preveja as solicitações que eles farão e esteja sempre preparado para atendê-los.

Se você prometer alguma coisa, cumpra. E, mais importante que tudo, adote a política "sem desculpas". Se você não produzir os resultados esperados, não deixe que duvidem de sua capacidade.

Quando for solicitado para relatar o andamento de um projeto, comece falando do que você já conquistou, não do que não conseguiu fazer. Diga "Nós estamos aqui" ou "Já atingimos estas cinco metas", em vez de "Não tive a chance de..." ou "Espero logo poder...".

Para afinar seu discurso de forma a impressionar seu supervisor, siga estes passos:

Prepare-se para ser questionado: Pense antecipadamente no que o supervisor lhe perguntará e prepare respostas concisas. Pesquise os fatos e obtenha as informações mais atualizadas para impressioná-lo com seu grande conhecimento sobre o assunto.

Prometa menos e execute mais: Estabeleça metas viáveis. Liste os objetivos do projeto e cumpra cada um deles, acrescentando alguns extras. Superando as expectativas, você se sobressairá.

Conteste em particular: Espere a hora certa para questionar ordens superiores. Ou seja, o momento em que nenhum estranho ouvirá sua contestação. Não demonstre sua contrariedade em público.

> **"Gerenciar um superior é bem parecido com gerenciar seus próprios clientes. Em ambas as situações, trata-se de gerenciar pessoas e relacionamentos."**
>
> CYNTHIA LOH

RELACIONAMENTOS NÃO SÃO IMPORTANTES

CRIE UMA REDE DE RELACIONAMENTOS

Agora que você é um gerente, precisa aperfeiçoar sua capacidade de estabelecer uma rede de relacionamentos, a chamada *network*. Torne-se um mestre na arte da conversa de salão e construa alianças e contatos-chave dentro e fora da empresa.

Não há segredo para conhecer gente nova. Seminários e conferências de trabalho são ótimas oportunidades para travar novos conhecimentos. Idem para reuniões da própria empresa em que você não conhece quem está sentado ao seu lado. Aproveite essas ocasiões para se apresentar, mencionar onde você trabalha e deixe o "papo" fluir.

O importante é se comportar de forma natural. Suspiros constantes e um tom de voz enfadonho são reveladores – as pessoas logo percebem que você está fingindo um entusiasmo que não existe. Se estiver exausto ou preocupado, não finja.

Outra bandeira é ficar olhando para os lados constantemente enquanto conversa com alguém – dá a impressão que você não liga a mínima para o que a pessoa está dizendo. O truque é direcionar sua energia e curiosidade para aprender alguma coisa a cada encontro. Afinal, todo mundo tem algo interessante a contar.

Mesmo que seus novos colegas sejam da empresa, eles podem não saber em que projeto você está trabalhando e como ele está andando. Por isso, mantenha uma lista atualizada de itens sobre sua área de atuação.

Um recurso muito usado pelos tímidos é "preparar" um estoque de comentários para quebrar o gelo numa conversa. Alguns exemplos: "O que você achou da palestra?" ou "Há quanto tempo você participa deste grupo?".

Pedir a opinião dos outros é tiro e queda – todos ficam inevitavelmente mais receptivos. Mas não engate uma pergunta na outra, como se estivesse fazendo um interrogatório. As pessoas se sentem pressionadas.

Outra técnica eficiente é comentar coisas interessantes que você aprendeu com alguém. Se a outra pessoa mencionar alguma conquista pessoal – como uma promoção, mudança de cargo ou instalações mais confortáveis –, congratule-a. Para agradar ainda mais, pergunte sobre suas vitórias recentes.

Para aperfeiçoar sua rede de relacionamentos, siga as dicas a seguir:

Seja positivo: Quando você encontrar um estranho, mantenha a conversa em torno de assuntos seguros e não polêmicos. Não faça reclamações ou críticas.

Pense duas vezes antes de responder: Se você precisar de tempo para encontrar uma resposta, ou se a pergunta o deixou embaraçado, repita a pergunta com outras palavras. Isto permite que a outra pessoa reelabore a questão, dando tempo para você preparar a resposta mais diplomática possível.

Saiba com quem você vai se encontrar: Reveja a lista de

convidados para evitar surpresas. É importante saber se aquela pessoa influente que você quer conhecer estará presente. Planeje a melhor forma de aproximação.

"A sugestão de criar uma rede de relacionamentos nada mais é do que uma maneira diferente de dizer 'converse com as pessoas'."

PETER VOGT

"As pessoas não são equações matemáticas. Por isso, a tarefa de gerenciá-las é aleatória e abstrata."

"Não acredite, nem por um segundo, que, pelo fato de ser gerente, você mantém tudo sob controle. Ter um cargo de chefia lhe dá o direito de delegar – e deixar que os outros levem a culpa em seu lugar."

Outros livros da Coleção Desenvolvimento Profissional

Aprendendo a lidar com pessoas difíceis

DR. RICK BRINKMAN E DR. RICK KIRSCHNER

Esse livro ensina a lidar com pessoas difíceis e extrair delas o seu melhor. Com técnicas eficazes, os autores mostram o caminho das pedras e os atalhos para impedir que as pessoas que lhe incomodam enfraqueçam seu desempenho no trabalho e na vida pessoal.

Como motivar sua equipe

ANNE BRUCE

Esse livro apresenta exemplos de empresas bem-sucedidas e suas estratégias orientadas para resultado, estimulando você a extrair as melhores qualidades e habilidades das pessoas. Essas técnicas agregam valor tanto para a empresa quanto para os executivos que lideraram o processo.

Como ser um vendedor de sucesso

LINDA RICHARDSON

Com esse programa de seis passos que ensina a escutar os clientes e a descobrir quais são as suas necessidades, você vai aprender a agregar valor, a apresentar novos enfoques e a mostrar que o seu produto ou serviço atende, com rapidez e regularidade, a demandas específicas.

Informações sobre os próximos lançamentos

Para receber informações sobre os lançamentos da EDITORA SEXTANTE, basta enviar um e-mail para atendimento@esextante.com.br ou cadastrar-se diretamente no site www.sextante.com.br

Para saber mais sobre nossos títulos e autores, e enviar seus comentários sobre este livro, visite o nosso site: www.sextante.com.br

---

EDITORA SEXTANTE
Rua Voluntários da Pátria, 45 – Gr. 1.404 – Botafogo
22270-000 – Rio de Janeiro – RJ
Tel.: (21) 2538-4100 – Fax: (21) 2286-9244
E-mail: atendimento@esextante.com.br
www.sextante.com.br